Vive
con tus muertos
que víven

(manuscrito) Apo 21:3-4
Rom 6:9
+Sabid 11B
Proverbios 11:4=7
1 cor 15:54-55

René J. Trossero

LIBROS LIGUORI

One Liguori Drive ▼ Liguori, MO 63057-9999

Edición original publicada por Editorial Bonum. Esta edición en español exclusiva para los Estados Unidos y está publicada por Libros Liguori, una marca de Liguori Publications.

Imprimi Potest:
Thomas Picton, C.Ss.R.
Provincial de la Provincia de Denver
Los Redentoristas

ISBN 0-7648-1399-4
Número de la tarjeta de la Biblioteca del Congreso: 2006920289

Propiedad Literaria © 2006, Libros Liguori/Liguori Publications
Impreso en Estados Unidos
06 07 08 09 10   5 4 3 2 1

Todas las citas bíblicas son de la *Biblia de América*, cuarta edición, 1994.

Liguori Publications es una institución con fines no lucrativos y es un apostolado de los Redentoristas de la Provincia de Denver. Para conocer más acerca de los Redentoristas, visite la página web Redemptorists.com.

Para pedidos, llame al 1-800-325-9521
www.liguori.org

Indice

A todos los que creen que morir
no es dormirse en un sueño final,
sino despertar definitivamente
a una Vida plena y feliz.

A todos los que quisieran creerlo,
y sufren porque no pueden.

Y a todos los que no lo creen
y lo niegan;
pero se sentirán felices
cuando al morir constaten,
que lo que negaron era cierto.

No te mueras con tus muertos;
vive con tus muertos que viven.

Mis queridos lectores:

Escribo estas páginas para todos ustedes, pero van especialmente dirigidas a los que ya me permitieron hacer camino juntos, aceptando que los acompañara con mis escritos. De modo particular tengo presentes a los que sobrellevan en el alma el peso de un duelo, y se ayudan con mi librito *No te mueras con tus muertos.*

Muchos de ustedes me dieron la alegría de comunicarme, verbalmente o por escrito, que mis palabras les habían ayudado a vivir con esperanza, en medio del dolor.

Quiero recordar con todos ustedes a esa mujer anónima que, en un lugar que ya no recuerdo, me abrazó llorando, mientras me decía: "¡Gracias! ¡Usted me salvó la vida! Porque murió mi esposo y, desesperada, tenía tomada la decisión de suicidarme. Una amiga me regaló *No te mueras...*, y yo decidí seguir viviendo". Gracias, mujer, porque tu testimonio justifica por sí solo, mi esfuerzo por redactar aquellas páginas.

Muchos me pidieron que les escribiera algo más sobre este tema; y me negué hasta ahora, por temor de repetirme. Y hoy decido satisfacer aquel pedido con el deseo y la esperanza de seguir acompañándolos en el camino de la vida, compartiendo las cosas que pienso para mí mismo.

En *No te mueras...* puse el acento en la necesidad de aprender a aceptar la muerte de los seres queridos, sin dejar de pensar en el desafío de aceptar la propia, viviendo auténticamente acompañados por quienes ya alcanzaron la meta. En estas páginas quiero acentuar lo segundo.

René Juan Trossero

*"Si esperas y crees que la vida
continuará más allá
de la muerte..."*

Vive con tus muertos que viven

¿Por qué titulé así estas páginas?
Te lo cuento.
Myriam, una mujer madura, me comentó su pesar,
pese a los diecinueve años transcurridos,
por la pérdida de un hijo, a causa de un accidente.
Me permití sugerirle que leyera mi librito,
No te mueras con tus muertos.
Y con espontánea inmediatez me respondió:
"¡Ah no, yo no me muero con mis muertos,
Yo vivo con mis muertos!"
y me pareció una afirmación muy acertada,
capaz de transmitir el mensaje
que quiero comunicar con este libro.

Si piensas que al morir todo acaba en la destrucción y en la nada, no sólo este título, sino todo el libro, te resultará increíble y chocante.

Pero si crees y esperas que la vida continúe más allá de la muerte, la invitación a vivir con tus muertos te resultará aceptable y alentadora.

Abierto a la trascendencia, aceptando esa otra etapa de la vida, tú crees seguramente en Dios, y no rechazas la invitación a buscarlo, a tenerlo presente, y a vivir en él y con él, aunque no lo veas.

Ahora bien, si admites que esto es posible, ¿porqué no aceptar que también puedes vivir con tus muertos que viven?

Además, si tus muertos no hubieran muerto,
sino emigrado a un lejano y desconocido lugar,
sin ninguna posibilidad de comunicarte con ellos,
los llevarías en tu memoria y en tu corazón,
aun sin verlos.
¡No dejarías de saber que viven,
que los amas y te aman!

Y si crees que tus muertos viven,
¿por qué, pese al dolor de no verlos,
no ha de ser posible vivir con ellos,
recordándolos con amor?

Silencio

El Maestro solía hacer prolongados silencios, cuando conversaba con sus discípulos.

Uno de ellos lo interrogó:
—Maestro, ¿por qué guardas tantos momentos de silencio, cuando nos confías tus reflexiones?

El Maestro respondió:
—El silencio es el tiempo que el que habla necesita, para decirse primero a sí mismo, lo que luego comunicará al otro. Porque cuando se habla sobre la vida, no se es veraz, auténtico y coherente, si no se comienza escuchándose a uno mismo. Y el silencio para el que escucha, es el tiempo necesario para que se disponga, como la tierra, para recibir la semilla.

En estas páginas encontrarás espacios en blanco.
Son como el silencio en el diálogo.
¿Comprendes su sentido?

Repeticiones

El Maestro hablaba poco, lo necesario, y con frecuencia repetía sus ensenanzas.

Un discipulo le preguntó:
—Maestro, ¿por qué repites tantas veces tus máximas, o tus consejos?

Y escuchó esta respuesta:
—El hombre que martilla un clavo no lo golpea para darle tres o diez golpes, sino que lo hace para que se clave en la madera. Yo no digo por decir, ni enseño por enseñar, sino para que lo que enseño diciendo sea comprendido y vivido.

En estas páginas te encontrarás con repeticiones. ¿Comprendes su finalidad?

¡Vive con tus muertos que viven!

Sé como la madre parturienta,
que grita su dolor
mientras alumbra,
para vivir después
su indecible alegría cuando estrecha,
con sus brazos sobre el pecho,
la vida que entregó
y que, devuelta,
la alegra mucho más que antes de darla.

Porque el amor
es más fuerte
que la muerte,
y todo lo que entrega no lo pierde,
porque lo recupera acrecentado,
precisamente
por haberlo dado.

Cuando naciste, dijeron:
"Te dieron a luz",
"Te alumbraron".
Pero tú cerraste los ojos
encandilado, enceguecido.
Cuando mueras cerrarán tus ojos,
y dirán: "Se durmió en paz".
Y tú estarás como nunca,
con los ojos abiertos a la Luz,
como nunca despierto.
¡Para siempre!

"...tú estarás como nunca,
con los ojos abiertos a la Luz..."

Apo 21:3-4

En el silencio solitario de una cabaña, oculta entre la tupida arboleda, el Maestro conversaba con tres discípulos.

—Hoy vamos a meditar sobre la realidad de la muerte. Quiero comenzar sabiendo qué es para cada uno de ustedes… Tómense su tiempo…

Después de un momento de hondo silencio, surgieron las respuestas.

—Para mí, la muerte no existe. Yo no pienso en ella—dijo el primero.

—La muerte es el final de todo… Y todo acaba con ella afirmó el segundo.

—La muerte es un cambio en el modo de vivir… Es el final de esta etapa y el comienzo de otra, que es eterna—finalizó el tercero.

El Maestro permaneció callado largo rato. Con una rama seca trazaba enigmáticas figuras sobre el piso de tierra. Y al final se dirigió al primero, diciendo: —Un hombre decidió explorar la espesura de la selva. Un amigo le advirtió: "Cuidate del león. Mira que puede sorprenderte y atacarte."

El explorador se fue internando sigilosamente hacia el corazón enmarañado de la selva. El temor de verse enfrentado con el león le quitaba la paz, llenándolo de pánico. Y decidió aliviarse, diciéndose a si mismo: "El león no existe". "Unas horas después oyó voces o ruidos extraños. "El león!", le gritó su pensamiento. Pero el hombre se tranquilizó al instante. "No. ¡El léon no existe!" Y siguió su camino. Los rugidos se oyeron más claros y cercanos. Pero el hombre se repetía: "El león no existe".

Como el explorador no regresó a su aldea, los amigos salieron a buscarlo. Y regresaron con sus ropas hechas jirones. "El Maestro respiró profundamente y guardó silencio. El discípulo lo miraba atento, como esperando que continuara su relato. Pero el Maestro se limitó a mirarlo preguntando:

—¿Comprendes?

—Creo que sí—fue la respuesta vacilante del discípulo.

—"El león no deja de estar acechando en la selva, porque tú lo niegues. Más vale pregúntate cómo lo encararás, cuando te ataque—concluyó el Maestro. Luego echó una mirada hacia lo alto, como buscando algo, para después mirar a los otros dos discípulos.

—Dos caminantes se encontraron en un cruce de caminos—comenzó diciéndoles—. Fatigados por lo andado, se sentaron ambos a la sombra de un árbol para descansar. Sacaron de sus alforjas sus provisiones y compartieron una frugal comida. Mientras comían, el primero preguntó al otro:

—¿Hacia dónde vas?

—"Voy hacia el puente final.

—¿Y para qué?

—¡Hombre!—respondió con impaciencia el segundo—voy para caminar. Yo disfruto del camino, hasta que se acabe. ¿Y tú?

—Yo voy al mismo lugar que tú, me dirijo al puente final. Pero no voy como tú, para caminar…, ¡yo voy para llegar!

—¿Y cuál es la diferencia, si ambos caminamos y ambos vamos hacia el puente final?

"El interpelado vaciló un instante y respondió con una pregunta:

—¿Y qué harás tú cuando llegues al puente final?

—¡Nada! Porque me han dicho que cuando se llega hasta él termina el camino y desaparece el caminante. Acaso tú, ¿esperas encontrar algo distinto?

—¡Si!, mi amigo—concluyó el segundo—. Yo camino hasta el puente final donde muere esta senda. Pero espero pasar a la otra orilla, donde nace otro Camino, que nunca se acaba, y se recorre con dicha y sin fatigas…

Y aquí concluyó el Maestro su relato.

En silencio trazó con su rama sobre la tierra un camino estrecho, que llegaba hasta un puente y en la orilla opuesta trazó una ancha avenida, que se prolongaba indefinidamente.

Los discípulos aguardaron silenciosos y recogidos, con la seguridad de que el Maestro cerraría su relato con alguna reflexión. Y le escucharon decir:

—"En el camino de la vida, algunos caminan para caminar, y otros caminan para llegar… Algunos van dispuestos a perderlo todo, y otros van esperanzados en alcanzar todo… ¡Unos van hacia la muerte resignados a terminar y otros, van hacia ella, con la esperanza de comenzar…!

Nosotros sabemos que hemos pasado
de la muerte a la vida,
porque amamos a nuestros hermanos.
El que no ama
permanece en la muerte.

1 CARTA DE JUAN 3,14

¿No te parece que muchas veces
vivimos con temor de la muerte final,
y vivimos como muertos
porque no amamos?
Porque la vida del hombre no se mide
por su salud corporal o psíquica,
sino por la intensidad
y la hondura de su amor.
¿Entiendes?
Para los animales vivir es durar,
para las personas vivir es amar...

Morir

Más allá del silencio de la muerte,

Oigo voces cantándole a la Vida,

Recordando que es esa nuestra suerte,

Inmortal, y que en vez de ser vencida,

Renovada en amor será más fuerte.

¡Vive con tus muertos que viven!

Mira que de ti depende
cómo recordarlos.
Tú decides imaginarlos
muertos y en el pasado,
para llorarlos ausentes;
o eliges imaginarlos vivientes hoy,
para sentir la cercanía de su presencia.
¿O no sabes acaso por tu experiencia
que cuando te proyectas
una película de terror,
vives aterrorizado,
y que cuando eliges una de amor,
vibras con ternura?

Porque el amor
es mas fuerte
que la muerte:
y la muerte que tu amor
no pudo evitar,
puede vencerla y superarla,
haciéndote vivir en comunión
con tus seres queridos.

Mientras caminas en la noche,
aguardando el amanecer
para ver la plenitud del sol,
contemplas el esplendor sereno de la luna
y gozas de la luz lejana de las estrellas.
Mientras peregrinas
en medio de las penurias del tiempo,
en pos de la felicidad anhelada,
puedes gozar intensamente
de las pequeñas alegrías cotidianas.

*Mientras peregrinas
en medio de
las penurias del tiempo..."*

El Maestro y su discípulo caminaban en el bosque a la hora del ocaso.

El discípulo formulaba sus preguntas, exponiendo sus inquietudes e incertidumbres ante la vida. Y llegaron a conversar sobre la muerte.

El Maestro suspendió la conversación y se detuvo mirando hacia el oeste. En ese momento el sol caía detrás de la línea del horizonte, y sólo dejaba ver sus rayos, surcando el cielo en abanico luminoso.

El discípulo se acopló a su actitud contemplativa, porque sabía que el Maestro extraía una lección para la vida, de todo lo que observaba.

Y le dijo:

—Maestro, ¿no te causa cierta pena la muerte del sol en la hora del ocaso?

Tomándolo del brazo, el Maestro le indicó el camino de regreso hacia la cabaña. Y ambos caminaron lentamente.

Detenidos ante la puerta, antes de ingresar, el Maestro le dijo:

—Me hablaste de la muerte del sol en el ocaso. "El sol murió solamente para tus ojos, porque tú dejaste de verlo. Mañana, al amanecer, miraremos juntos hacia el oriente, y te convencerás de que no había muerto.

Sabemos que Cristo, una vez
resucitado de entre los muertos,
no vuelve a morir,
la muerte no tiene ya dominio sobre él.

ROMANOS 6,9

Antes de resucitar, tuvo que morir.
Pero después de resucitar,
ya no muere más.
¿Comprendes?
¡Se habla de un muerto
que vive para siempre,
porque ya no muere más!
¡Ojalá puedas mirar desde esta óptica,
en la fe y en la esperanza,
la muerte de los que amas
y la tuya!

Muerte

Moriré y será para sembrarme

Una vez para siempre y encontrarme,

En el Dios que me espera para darme

Rebosante alegría al abrazarme;

Todo bien, que por siempre ha de durarme,

En los brazos de Aquel que quiso amarme.

¡Vive con tus muertos que viven!

Aprende del mar,
que cuando el sol calienta su rostro,
se despide de sus aguas,
en el vapor que sube al cielo.
Pero no llores por él
las aguas despedidas,
míralas con él flotar en el espacio,
jugando con los vientos,
y aguárdalas con esperanza,
porque mañana serán lluvia,
y por el cauce de algún río
volverán hacia tu encuentro.

Porque el amor
es más fuerte
que la muerte
y si sabes amar con esperanza,
verás que morir
no es terminar de vivir,
sino comenzar a vivir
de otra manera.

Si no tienes una meta
que justifique tu andar,
vagarás por distintos caminos,
pero no los caminarás con alegría.

Si una Meta te espera,
como respuesta a tus fatigas,
peregrinarás dichoso,
sin que puedan las tormentas del camino
apagar la llama de tu alegría.

El Maestro se acercó, durante la mañana, al pequeño poblado para hacer la compra de sus austeras provisiones. En una de las polvorientas calles, se encontró con un cortejo fúnebre.

Un grupo de familiares y amigos acompañaban los restos mortales de un varón, al lugar donde serían sepultados. Una mujer, esposa del difunto, que había visitado al Maestro en su cabaña, lo reconoció.

Se acercó a él y lo abrazó llorando, mientras le decía:

—Maestro, ¿qué sentido tiene la vida, si al final todo se pierde con la muerte?

El Maestro apoyó paternalmente su brazo sobre los hombros de la dolorida mujer, y la invitó a seguir al cortejo, al cual él también se unió. Asi llegaron al cementerio, sin que el Maestro pronunciara una palabra. Es que en su sabiduría había descubierto que, en los momentos más intensos de la vida, muchas veces las palabras sobran.

Cuando los encargados de la dura tarea arrojaron sobre el ataúd sepultado las últimas paladas de tierra, la mujer, en medio del llanto, volvió a interpelar al Maestro.

—Maestro, ¿qué sentido tiene esta vida?

Sin quitar su brazo de los hombros de la viuda, el Maestro respondió:

—La vida tiene el sentido que tú le das. Y el sentido que le das a tu vida, incluye el que le das a tu muerte. Tú debes decidir para qué morirás, si quieres saber para que vives.

—Pero, Maestro suspiró la mujer—¿y si todo se acaba con la muerte?

—Si fuera así, tu esposo no se enteraría para sufrirlo, y tampoco lo padecerás tú cuando mueras. Pero si no todo se acaba, sino que todo recomienza en la plenitud de la felicidad ¿por qué no eliges vivir en la alegría esperanzada?

Con un dejo de acentuado dolor y de no disimulada irritación, le replicó la mujer:

—¿Pero quién me asegura que todo ha de seguir mejor, después de la muerte?

—La misma autoridad que te asegura, que todo termina con la muerte. ¿Me comprendes? ¡Esa autoridad eres tú!

No sirven riquezas el día del castigo,
pero la rectitud salva de la muerte.
Con la muerte del malvado acaba
su esperanza,
y perece la confianza que puso en
las riquezas.

PROVERBIOS 11,4 Y 7

Un día deberás ser trasplantado,
y será tanto menor el sufrimiento
y más grande tu alegría,
cuanto menos atado y arraigado te sientas
en la posesión de lo que tienes.

Velatorio

Velarás sin sentido si es que velas

Esta noche de duelos y de penas,

Lamentando una triste despedida,

Al llorar sin consuelo tu desdicha.

Todo cambia si velas esperando

Otra vida que surge cual milagro,

Retoñando en eterna primavera;

Informándote a ti, que cuando mueras,

Otra vez nacerás con vida nueva.

¡Vive con tus muertos que viven!

Cuando llegue la noche de la muerte,
no te quedes mirando hacia el ocaso
del recuerdo y de la despedida.
En medio de la oscuridad de tu duelo,
mira hacia el oriente,
con la esperanza puesta
en la seguridad del amanecer.

Porque el amor
es más fuerte
que la muerte,
y lo que pierdes con tristeza
en los ocasos,
lo recuperas con alegría
en las auroras.

Mientras no sepas para qué
murieron tus seres queridos,
no sabrás para qué morirás tú;
y mientras no sepas
para qué morirás tú,
no podrás saber para qué vives.

Porque el hombre
tiene hambre y sed
de lo eterno y lo infinito,
y toda meta que se muere
con los límites del tiempo
es como un espejismo,
ilusoria promesa en el desierto,
y tú necesitas caminar
con la esperanza del oasis.

El Maestro meditaba solitario y silencioso, sentado sobre el tronco de un árbol caído.

Un joven, cuyo padre había muerto, aconsejado por sus amigos, se acercó buscando consuelo y consejo en su sabiduría. Invitado a caminar, el joven se iba desahogando, con el detallado relato de los hechos y de sus penas.

El Maestro solía ser de muy pocas palabras, y así lo fue escuchando atentamente hasta que llegaron por el sendero ante la casa de un campesino, amigo del Maestro.

El hombre cavaba la tierra con una pala, para hacer un pozo. Su hijo de cuatro años, junto a el, lloraba desconsoladamente.

—¿Hombre, por qué llora tu hijo?—preguntó el Maestro.

—Mira—respondió el hombre, mientras le mostraba una nuez, que había sacado de su bolsillo—se la regalaron esta mañana en la escuela. Somos pobres y quiero sembrarla para tener un nogal Pero él….

—Gracias, amigo—interrumpió el Maestro, e invitó al joven a seguir caminando.

Después de un largo trecho andado en el silencio del monte, sólo interrumpido por el trino de los pajaros, el Maestro preguntó:

—¿Comprendiste?

—¿Qué?—interrogó a su vez el joven sorprendido.

—Que cuando el Padre Dios siembra una nuez para tener un nogal, el hombre niño, sin comprender, llora la nuez perdida…

Es mejor ir a un duelo que a una fiesta,
pues la vida del hombre
acaba con el duelo;
y así, el que aún está vivo, reflexiona.
Mejor es la tristeza que la risa,
pues la seriedad hace bien al corazón.
El sabio piensa en la muerte,
el necio, en la diversión.

ECLESIASTÉS 7,2–4

No hagas del dolor una meta
para correr tras él;
porque sería necio.
Pero cuando las penas te acorralen
en la aflicción del duelo,
recíbelas como una invitación
a reflexionar sobre el sentido de la vida.

Cementerio

Cuando el surco recibe la semilla,

Esperamos pacientes una espiga;

Misteriosa confianza del que siembra,

Esperando seguro la cosecha.

No es un campo de muerte el cementerio,

Triste fin para el hombre sin consuelo;

Es más bien tierra virgen y abonada,

Receptora de siembras de esperanza,

Inmortal como el hombre que no muere,

O al morir se eterniza de otra suerte.

¡Vive con tus muertos viven!

Cuando hayas terminado
de despedirlos con dolor,
porque se fueron,
comenzarás a recuperarlos
con amor,
porque viven;
y tal vez, de otra manera,
estén más cerca tuyo,
que antes de su partida.

Porque el amor
es más fuerte
que la muerte,
y para el corazón que ama
no cuentan las distancias,
porque el amor está
donde está lo que se ama.

Si afirmas que todo
se acaba con la muerte,
aunque creo en tu honestidad
cuando lo dices,
perdóname,
pero me cuesta aceptar
que tú lo creas de verdad.

Más bien sospecho que,
resentido e impotente
ante el desafío de la muerte,
tratas de no pensarlo,
para vivir como si tú
nunca fueras a morir.

Porque no logro comprender
cómo puedes amar
y vivir en la alegría,
pensando que todo
terminará en nada.

Reunidos al anochecer, antes de disponerse a descansar, un discípulo dijo:

—Maestro, durante toda la jornada nos hablaste sobre la vida. ¿Podrías decirnos algo sobre la muerte?

Y todos escucharon atentos cuando el Maestro les dijo:

—"El invierno había desnudado los árboles, despojándolos de sus hojas. Un niño jugaba en el jardín, y en una ramita de un deshojado arbusto vio un pequeño canastito colgado. Su natural curiosidad de niño lo invitó a explorar el secreto.

Con esfuerzos repetidos pudo desprender aquel misterioso y alargado cesto, y con él en sus manos, corrió al encuentro de su madre.

—Mami, ¿qué es esto?

—Oh, hijito, es un gusano que se escondió esperando la primavera, porque ahora hace mucho frío. Y cuando llegue el calor se hará una mariposa.

—¿Cierto, mami?—inquirió con desconfianza—. A mí me parece que aquí encerrado el pobre bicho se va a morir.

—No, querido. Vamos a guardar el canastito en una caja, y verás que cuando comience la primavera, saldrá una mariposa volando.

Así fue como el bicho del cesto durmió largo tiempo en el refugio, protegido del frío y de otros peligros.

La mamá, cuando los primeros días templados hicieron retoñar los árboles, comenzó a controlar lo que sucedía, mientras el niño ya había olvidado el misterioso cesto.

Y llegó el momento esperado. La mamá llamó a su hijito, sosteniendo en sus manos la caja del secreto.

—Oh, mami, ya me había olvidado… Pero seguro que se murió.

La mamá abrió lentamente la caja, y el niño pudo ver con asombro el milagro: una mariposa salió volando.

—¡Qué lindo, mami! ¡Y pensar que yo creía que el gusano estaba muerto, y ahora la mariposa vuela!

Cuando la muerte te despoje de tus seres queridos y los fríos inviernos del dolor te dejen con el sufrimiento de su ausencia, recuerda a aquel niño. Alíviate en medio de tus penas, pensando que lo que hoy lloras como muerto, mañana te sorprenderá mostrándote la vida. Y recuerda también a la madre que, viendo lo mismo que veía su hijo, un pequeño cesto sin vida, intuía mucho más.

Los ojos del alma esperanzada, ven lo que no ven los ojos de tu cuerpo.

Pues Dios no ha hecho la muerte,
ni se complace
en el exterminio de los vivos.

SABIDURÍA 1,13

No lo culpes a Dios,
porque quedarás desamparado.
Soporta tus interrogantes de criatura,
incapaz de comprender
los designios de Dios.
Aférrate a la convicción de que te ama
y no puede querer para ti lo malo.
Y aun lo incomprensible
te resultará soportable.

Sepultura

Si la miras sin ver mucho más lejos,

Estarás deteniéndote en tu duelo,

Para hacerte sufrir al infinito

Un dolor que carece de sentido.

Llorarás tu pesar más aliviado,

Toda vez que la mires esperando

Una dicha sin fin, porque la vida

Recomienza venciendo las cenizas,

Alcanzando su fin, no su fracaso.

¡Vive con tus muertos que viven!

Sé como el árbol
al que le sepultan una rama,
para hacer con ella, por acodo,
un árbol nuevo.
Siente como él la pena
y el dolor por la rama perdida,
pero alégrate con él,
mirando ese gajo que retoña,
iniciando el cielo
de una vida nueva.

Porque el amor
es más fuerte
que la muerte,
y el corazón que ama
se arraiga en el dolor,
no para morirse sepultado,
sino para resucitar
en una vida más plena.

Me confías que no comprendes,
por qué Dios te hace vivir
una vida que incluye la muerte.
Confieso que te acompaño.
Pero dejame decirte,
que me cuesta comprenderte,
cuando tú te haces sufrir,
amenazándote con una muerte,
que acaba con todo.
¿Me entiendes?

¡Muchas veces es más cruel
el mundo que nos creamos,
que el que creó Dios!

Un monje, que dedicaba largas horas de sus días a la oración, regresaba de un viaje a su tierra natal donde había sepultado a su madre.

Dolido, fue al encuentro del Maestro y le condesó:

—Maestro, ¡qué tristeza! Pensar que nunca más podré decirle a mi madre que la amo.

—¿Y por qué? —interrogó el Maestro.

—Porque nunca más la tendré a mi lado, para que me oiga.

—Pero, aunque tú no la veas, podrás hablarle y expresarle tu amor—explicó el Maestro.

—Sí—agregó, casi con dejos de enojo el monje—. Yo puedo decirle que la amo, pero, ¿qué respuesta me dará ella para que yo sepa que recibió mi mensaje?

El Maestro lo miró larga y profundamente, como diciéndole con sus ojos, lo que luego diría con sus palabras. Y concluyó:

—La misma respuesta que recibes de tu Dios, acusando recibo de tu mensaje, cuando te diriges a El en tu oración.

Y el monje se retiró meditando…

Nosotros sabemos que hemos pasado
de la muerte a la vida,
porque amamos a los hermanos.
El que no ama permanece en la muerte.

1 JUAN 3,14

Cuídate de caer en un error
muy frecuente entre nosotros.
Porque puedes vivir con temor de morir
en el final del camino,
sin advertir que ya estás muerto,
si no amas.
¿Comprendes?

¡No vive más el que dura más tiempo,
sino el que ama más intensamente!

Resucitar

Renacer para siempre en vida nueva,

Es el fin que te aguarda tras la muerte;

Sueña, entonces, y espera firmemente

Una meta feliz, y no te mueras

Con el alma inundada por tristezas.

Insensato sería que vivieses

Torturándote el alma, cuando puedes

Acercarte con paz hacia tu Meta,

Recordando que al fin ¡nunca te mueres!

¡Vive con tus muertos que viven!

Sé como las aguas del río,
que corren hacia el mar,
no con el pesar de morir,
perdidas para siempre,
sino para encontrarse en un abrazo
con las que llegaron antes,
y esperar las que detrás vienen corriendo.

Porque el amor
es más fuerte
que la muerte,
y como el mar,
al final del camino recorrido,
en un abrazo sin fin,
nos reunirá estrechamente a todos.
¡Para siempre!

Cuando eras niño
y tu madre se alejaba de ti,
llorabas encaprichado y resentido,
como si la hubieras perdido
para siempre.
Después aprendiste
a esperar
y te alegraste en el reencuentro.
¡Ojalá un día logres vivir,
sin dolor y sin resentimientos,
la ausencia de los que partieron,
aguardando con esperanza
el reencuentro!

La cabaña estaba rodeada de personas.

En su interior se apretujaban discípulos y amigos, rodeando con cariño y dolor al Maestro, que agonizaba.

El silencio era profundo y reverente.

Todas las miradas estaban puestas en aquel rostro pálido.

Todos rumiaban en su corazón alguna de tantas enseñanzas brotadas de aquella boca, que ahora permanecía cerrada y muda.

De pronto, como en un supremo esfuerzo, el Maestro entreabrió sus ojos, y lentamente se despidió así:

"Amigos, voy a morir.
No lloren la muerte de la oruga;
celebren el vuelo de la mariposa.
No lloren porque se acaba mi camino;
celebren conmigo
porque alcancé la Meta.
No lloren la descomposición
de mi cuerpo;
celebren conmigo
la liberación de mi espíritu.
No me lloren muerto y ausente;
recuérdenme vivo y presente".

Dicho esto, cerró sus ojos y murió.

Y oi una voz del cielo que decía:
—Escribe: Dichosos desde ahora los que
mueran en el Señor.
El Espíritu dice: podrán descansar
de sus trabajos,
porque van acompañados de sus obras.

APOCALIPSIS 14,13

Cuando mueras
abandonarás todo lo que tienes,
pero te acompañarán tus obras,
porque con ellas te habrás hecho
a ti mismo, esa persona que serás
a la hora final de la cosecha.
¡Ojalá tengas la dicha de morir en Dios,
por haber vivido en él,
amando!

Vivir

Vivir es mucho más que no morirte,
Intentando durar ilusamente;
Vivir es ser tú mismo plenamente,
Ir creciendo en amor, hasta sentirte
Renacido en tu Dios eternamente.

¡Vive con tus muertos que viven!

No te quedes llorando,
amarrado al puerto del dolor
y de la despedida,
porque ellos ya embarcaron
con rumbo a la otra orilla.
Mira sobre el mar
y alégrate con ellos,
porque van felices
rumbo al puerto final,
que a todos nos espera.

Porque el amor
es más fuerte
que la muerte
y el corazón que ama.
Navega hinchando sus velas,
con el viento de la esperanza,
y siempre alcanza el puerto
del ser querido.

Yo no puedo convencerte
de que se cumplirá mi esperanza;
y tú no puedes mostrarme
que tu desesperanza se hará realidad.
Sostenido por mi esperanza,
yo puedo vivir en la alegría;
herido por tu desesperanza,
tú te dueles y te entristeces.

¿Y si decidieras jugarte,
apostando a la esperanza?

Muerto el Maestro, un grupo de discípulos entristecidos se dispuso a ordenar la cabaña.

Los envolvía el dolor, mezclándose con el recuerdo de tantas horas compartidas en contacto con su sabiduría.

Para sorpresa de todos, en medio de sus pocos papeles, encontraron un manuscrito con este texto. Y entre lágrimas recibieron la última lección.

Carta desde mi esperanza

A todos los que me aman

Queridos amigos:

Yo sé que un día moriré, como sé que morirán ustedes. Tengo maduramente aceptada esta realidad de mi vida, que me hace criatura limitada en el tiempo, y asumo mi condición de peregrino, caminante hacia una Meta.

Yo respondo a mi hambre y mi sed de vivir para siempre con la esperanza puesta en la plenitud de la Eternidad que me espera, y no con la ilusión de un tener sin medida, del que mañana seré desposeído, o de un durar indefinido, que será siempre limitado.

Por esto, cuando haya realizado mi partida, les pido que me acompañen en mi camino, desde las perspectivas de mi esperanza; que para entonces será mi realidad alcanzada.

Porque me aman, lloren con pena expresando el amor herido por esta despedida. Pero alíviense y consuélense, alegrándose conmigo, porque al fin alcancé la Meta perseguida.

Expresen el amor que me han tenido y que me tienen, con tristeza porque los dejo sin mi presencia física, y con alegría por saberme feliz para siempre.

Y yo seguiré con ustedes en el amor y en el recuerdo, mientras los espero para el abrazo del reencuentro.

¿Te animarías a firmarla?

Cuando este ser corruptible se vista de incorruptibilidad y este ser mortal se vista de inmortalidad, entonces se cumplirá lo que dice la Escritura:

La muerte ha sido vencida.
¿Dónde está, muerte, tu victoria?
¿Dónde está tu aguijón?

1 CORINTOS 15,54-55

¿Puedes mirar la muerte,
la de tus seres queridos
y la tuya,
no sin el dolor y la pena
que siempre nos causará,
pero también
con la actitud segura
de quien se sabe vencedor?
Porque la muerte será vencida
por la vida
cuando tú y yo,
vivamos la alegría de la inmortalidad.

En camino hacia la felicidad

Naciste conociendo el dolor, por el contraste entre tu bienestar intrauterino y el choque con esta otra realidad.

Pronto experimentaste el placer al sentirte alimentado y acariciado.

En algún momento descubriste la alegría, seguramente al sentirte amado.

Más tarde se despertó en ti la sed de una alegría plena y sin límites que llamamos felicidad.

Así te pusiste en marcha por el camino de la vida, con el desafío de aprender a descubrir y vivir la alegría, esperando la felicidad.

Pero en la búsqueda puedes no acertar, y lo haces cuando te equivocas tomando el camino que conduce al placer, como si fuera el que te lleva al encuentro de la alegría.

Y deberás aprender a elegir:

- entre el placer de tener la alegría de dar;

- entre el placer de vengarte con odio y la alegría de perdonar con amor;

- entre el placer de conseguir la aprobación ajena, aparentando lo que no eres, y la alegría de ser tú mismo ante tu conciencia;

- entre el placer de un sexo usado para poseer lo que deseas, y la alegría de una sexualidad con la que te entregas amando;

- entre el placer enfermo de hacer sufrir al otro, y la alegría de sufrir tú por amor para aliviar el dolor ajeno;

- entre el placer de prolongar indefinida e ilusoriamente tu duración en el tiempo, sin morir, y la alegría de vivir con la esperanza de alcanzar la felicidad despues de tu muerte.

Con frecuencia (¡¿siempre?!) las mayores alegrías se alcanzan renunciando a un placer o a una alegría menor. ¿Es el sentido pascual de la vida? ¿Ese estar "de paso" desde el hoy al mañana…?

- El dolor puede opacar o suprimir el placer, pero no quita la alegría, cuando se sabe para qué se sufre y hacia dónde se camina.

- El placer tiene un límite; la alegría se expande y crece sin fronteras, porque es como un río que quiere desembocar en el mar de la felicidad.

- Al final de tu camino morirán todos tus placeres, pero perdurarán las alegrías en la felicidad alcanzada.

Oración para hablarle a Dios de tu depresión

Señor, mi Dios,
quiero confiarte mi estado de ánimo,
aunque sé que lo conoces porque me habitas,
y aunque no sé cómo,
lo estás compartiendo conmigo.

Me invade inexplicablemente un sentimiento de angustia,
de ansiedad, de tristeza,
de inseguridad y de miedo.
Mi malestar se hace tan desesperante,
que mi vida pierde su sentido,
y la muerte se me aparece como
un camino hacia el alivio,
en medio de este tormento.

Sé que nada cambió en la realidad;
pienso que me amas,
me acompañas y me esperas,
pero esta seguridad de lo que pienso,
no logra modificar el dolor que siento.

No quiero rendirme,
dejándome llevar por las aguas turbias y tumultuosas
de mi estado depresivo,
pero por momentos
siento que me arrastran,
pese a mi lucha y mi resistencia.

Pero sigo confiando en Ti
y en el sentido de mi vida.
Busco alivio a mi dolor,
compartiéndolo con quienes me aman,
haciéndome sentir tu cercanía,
porque tú eres el Amor
y estás donde se ama.

Señor, mi Dios,
sentido y meta de mi vida,
me pongo en tus manos,
y sé que tú me sostienes en ellas.
Déjame pedirte
lo que sé que haces, antes de que te lo pida:
lléname con tu presencia,
aliéntame con tu Espíritu de amor,
para que en medio de mi noche,
yo siga esperando
el amanecer de un día nuevo.

Sufrimientos

Si te mientes pensando que te aguarda,

Una vida feliz y sin dolores,

Fantaseas iluso y te engañas,

Renegando de ti, que eres un hombre.

Imagina más bien que el sufrimiento,

Marchará junto a ti por tus caminos;

Implacable presencia, que en acecho

Estará desafiándote a ti mismo.

No te rindas vencido, porque puedes

Transformarlo y hacer de su amenaza,

Ocasión para ver cómo tú creces,

Sin perder en sus noches tu esperanza.

*"Señor, mi Dios, sentido y meta
de mi vida, me pongo
en tus manos…"*

Otros libros de Libros Liguori...

No te mueras con tus muertos

RENÉ J. TROSSERO

La muerte de un ser querido le puede robar la energía y el interés en vivir. Las palabras sencillas de René Trossero le tranquilizarán y le ayudarán a enfrentarse con la pérdida que viene con la muerte de un ser querido. El nos invita a mirar a la muerte con fe y a dejar que la amistad abundante de Dios nos apoye y nos ayude a escoger la vida. Un bestseller en Argentina, estos dos libros compañeros son unos recursos excelentes para usar con los que están de luto.

ID 75009 • $5.95

Novenario para los difuntos

MISIONEROS REDENTORISTAS

Este libro ofrece un novenario para las personas que están de luto. Es perfecto usar tanto por individuos como por familias cuando un ser querido fallece. El novenario contiene oraciones paracada día así como meditaciones sobre la sanación interior que pueden ayudar a los demás a recordar la vida del fallecido y despedirse de él con compasion y respeto. Utiliza un esquema sencillo con lecturas de la biblia. *Novenario para los difuntos* es un recurso excelente para los que no pueden estar junto con la familia en el pais ajeno aunque todos sienten la pena y separación de la muerte.

ID 77115 • $3.95

Ven Dios sanador

Oraciones durante la enfermedad

Joan Guntzelman y Lou Guntzelman

Los autores nos ofrecen en este libro breves reflexiones, pasajes bíblicos, citas de algunas lecturas y poemas que hablan del dolor físico, la ansiedad que acompaña a la enfermedad y el hecho de la muerte. Estas oraciones tienen la intención de ayudar a una persona que está en el hospital y también a alguien que no está tan grave pero debido a una salud débil sufre diariamente de una enfermedad crónica. Aunque hay otros libros de oraciones en español que tratan el tema de la enfermedad, este libro combina la sabiduria de nuestra fe católica con los pensamientos de escritores y la poesía para ofrecer un libro que es gentil y profundo al mismo tiempo. Muchos enfermos, pacientes en hospitales y familiares apreciarán este libro de oraciones.

ID 77315 • $5.95
Also available in English • ID 33425 • $6.95

Puede ordenarlos por correo a
Liguori Publications
One Liguori Drive, Liguori, MO 63057-9999
Incluya un 15% del total del importe de su compra para gastos de envío (mínimo $3.50, $15.00 máximo). También puede ordenar por teléfono al 1-800-325-9521 y pagar su compra con tarjeta de crédito.